Plätzchenduft

liegt in der Luft

OTUS Lifestyle

Inhalt

Vorwort 4

Einleitung 6

Plätzchen, einfach köstlich 10

Genuss mit Kakao und Nuss 32

Fruchtige Versuchungen 60

Register 80

Vorwort

Kaum etwas ist so sehr mit der Advents- und Weihnachtszeit verbunden wie das Plätzchenbacken. Beim Teigkneten und Ausrollen, beim Verzieren und Dekorieren und wenn der verführerische Duft frisch gebackener Plätzchen aus dem Ofen dringt – dann erst weiß man wirklich: Es ist Weihnachtszeit.

Versetzen Sie sich beim Backen in festliche Stimmung und verwöhnen Sie Ihre Freunde und Verwandten mit leckerem Selbstgebackenem. Lassen Sie sich mit Klassikern wie Spekulatius, Spritzgebäck, Dominosteinen, Lebkuchenmännchen und Zimtsternen in die weihnachtliche Vorfreude Ihrer Kindertage versetzen. Entdecken Sie schokoladige und nussige Leckereien wie Schoko-Nuss-Taler oder Mokka-Mandel-Zungen oder fruchtige Köstlichkeiten mit (Trocken-)Obst oder Marmelade wie Vanille-Cranberry-Kipferl und Schoko-Kirsch-Kugeln. Für jeden Geschmack ist etwas dabei!

Viel Spaß beim Kneten, Formen, Dekorieren und Genießen!

Zimtsterne, Nusstaler & Co.

Weihnachtszeit ist Plätzchenzeit

Plätzchenbacken ist in vielen Familien eine geschätzte Weihnachtstradition. Schon als Kinder haben wir es geliebt, den Teig zu kneten, Plätzchen auszustechen und nach Herzenslust zu verzieren. Und für eine Dose voll Omas selbst gebackener Plätzchen ließ man auch einmal so manches Weihnachtsgeschenk stehen. Diese Lust am Plätzchenbacken ist auch heute noch lebendig.

Auf die Plätze, fertig, los!

Der erste Schritt bei der Herstellung von Plätzchen ist die Teigherstellung. Hierzu benötigen Sie vor allem eine Rührschüssel und ein Handrührgerät. Außerdem brauchen Sie eine gute Küchenwaage – am besten eine digitale, da Sie hiermit die Zutaten ganz exakt abwiegen können. Zum Abkühlen legt man die Plätzchen am besten auf ein Kuchengitter. Hilfreich beim Verzieren ist außerdem ein Backpinsel, mit dem man Kuvertüre bzw. Zuckerguss aufbringen kann. Mit einem Spritzbeutel mit verschiedenen Tüllen können Sie weitere Verzierungen auftragen.

Spritzgebäck und Makronen

Für Spritzgebäck brauchen Sie auf jeden Fall einen klassischen Spritzbeutel bzw. eine Gebäckpresse. Die Funktionsweise ist jeweils ähnlich: Der Teig wird hineingefüllt und durch Zusammendrücken des Beutels bzw. per Hebel herausgepresst. Für den Spritzbeutel gibt es verschiedene Tüllen und für die Gebäckpresse verschiedene Aufsätze, mit denen Sie unterschiedliche Spritzformen erhalten.

Makronen können Sie mithilfe zweier Teelöffel portionieren. Es gibt hierfür jedoch auch spezielle Plätzchenportionierer, die ähnlich wie Eisportionierer funktionieren.

Plätzchenausstecher

Für Ausstechplätzchen benötigen Sie als erstes einen Teigroller zum Ausrollen des Teigs. Zudem brauchen Sie verschiedene Ausstechformen. Diese gibt es inzwischen nicht nur mit klassischen Motiven wie z. B. Tannenbäumen, Sternen, Glocken und Herzen, sondern auch in anderen Motiven wie beispielsweise verschiedenen Tieren oder Buchstaben.

Model und Walzen für Spekulatius
Will man Spekulatius backen, verwendet man am besten Holzmodel, in die der Teig nach dem Einfetten gepresst wird. Der überstehende Teig wird dann einfach mit dem Messer oder einem feinen Draht abgeschnitten. Auch diese speziellen „Förmchen“ werden mit verschiedenen Motiven angeboten. Zusätzlich gibt es Spekulatiuswalzen, die einfach über den ausgerollten Teig geführt werden. Die einzelnen Plätzchen müssen dann nur noch voneinander getrennt werden.

Zutaten

Grundlage der meisten Plätzchenteige sind Butter, Mehl, Eier und Zucker. Weitere beliebte Zutaten sind Schokolade, Nüsse und Mandeln, Marmelade und Gelee, Nugat und Marzipan. Vor allem für Lebkuchen wird auch gern Orangeat und Zitronat verwendet. Diese werden aus den kandierten Schalen von Bitterorangen bzw. Zitronatzitronen hergestellt.
Nicht fehlen dürfen auch weihnachtliche Gewürze wie Anis, Zimt, Nelken, Ingwer oder Kardamom. Auch Lebkuchengewürz findet man in manchen Rezepten. Hierbei handelt es sich um eine Gewürzmischung, deren Zutatenzusammensetzung variieren kann. Häufige Zutaten sind z. B. Zimt, Koriander, Nelken, Anis, Piment, Ingwer, Muskatnuss und Kardamom.

Plätzchen dekorieren

Vor allem beim Backen mit Kindern bereitet das Dekorieren der Plätzchen besonders viel Spaß. Vorzugsweise einfache Ausstechplätzchen können Sie ganz problemlos variieren, indem Sie sie z. B. mit Zuckerguss oder Schokoladenglasur überziehen und mit Schokolinsen, Dekoperlen, Streusel, Rosinen, Krokant, Kokosflocken oder Nüssen bestreuen. Achten Sie darauf, dass die Glasur noch flüssig ist, bevor Sie die Dekoration aufbringen, damit sie gut hält. Ist sie dann vollständig getrocknet, können Sie mit Zuckerschrift und Lebensmittelfarben weitere Details hinzufügen.

Die richtige Teigverarbeitung

Manchmal stellt sich beim Teigkneten heraus, dass der Plätzchenteig zu weich oder zu fest geworden ist. Dies können Sie ganz leicht korrigieren. Ist er zu weich, geben Sie einfach etwas Mehl hinzu, ist er zu fest und brüchig, verkneten Sie ihn mit etwas mehr Fett. Bröselt er hingegen beim Ausrollen, können Sie etwas kaltes Wasser mit dem Pinsel über dem Teig verteilen. Klebt er an Teigroller, Ausstechern oder Händen fest, bestäuben Sie sie am besten mit etwas Mehl.
Damit Ihre Ausstechplätzchen beim Backen nicht die Form verlieren, empfiehlt es sich, den Teig nach dem Kneten mindestens eine Stunde im Kühlschrank ruhen zu lassen, bevor er weiterverarbeitet wird. Auf diese Weise lässt er sich auch einfacher ausstechen.

Tipps fürs Backen

Die in den Rezepten angegebenen Backzeiten sind stets nur Richtwerte: Jeder Ofen ist anders und auch die Plätzchendicken sind nicht immer gleich. Damit Plätzchen nicht verbrennen, ist es also ratsam, immer wieder einen Blick in den Ofen zu werfen. Beachten Sie auch, dass der Ofen beim zweiten Blech bereits eine höhere Temperatur erreicht hat, und sich die Backzeit so verkürzen kann.

Die Stäbchenprobe hilft zu beurteilen, ob Plätzchen fertig sind. Einfach einen Zahnstocher oder Ähnliches in die Plätzchen einstechen. Bleibt noch Teig kleben, benötigen sie noch ein paar Minuten.

Aufbewahren und Lagern

Haben Sie zu viel Teig hergestellt? Kein Problem. Überschüssigen Teig können Sie in einem gut verschlossenen Gefrierbeutel zwei bis drei Tage im Kühlschrank aufbewahren oder auch einfrieren. Mürbeteig etwa hält sich bis zu drei Monate im Gefrierfach. Allerdings sollte eingefrorener Teig, wenn er Eier enthält, wegen der Salmonellengefahr vor Verwendung 24 Stunden im Kühlschrank aufgetaut werden. Die fertigen Plätzchen werden am besten in einer Blechdose aufbewahrt. Dafür müssen sie vollständig abgekühlt sein. Mit einer Lage Pergamentpapier dazwischen können Sie auch mehrere Schichten verschiedener Plätzchen in einer Dose aufheben. Anisplätzchen sollten jedoch getrennt gelagert werden, da ihr Aroma auf die anderen Plätzchen übergeht.

Plätzchen,
einfach köstlich

Klassische Ausstechplätzchen

Zutaten

1 Ei
150 g zimmerwarme Margarine (z. B. Sanella)
75 g Zucker
300 g Mehl
1 Prise Salz
250 g Puderzucker
2–3 TL Zitronensaft
Lebensmittelfarbe nach Belieben

Backzeit
10–12 Min.
Für 40 Stück

Zubereitung

1. Ei trennen, Eiweiß beiseite stellen. Eigelb, Margarine und Zucker mit den Quirlen des Handrührgeräts cremig rühren. Mehl und Salz zugeben und grob vermengen. Teig mit den Händen kurz durchkneten, zu einer Kugel formen, in Frischhaltefolie wickeln und 1 Stunde kalt stellen.

2. Backofen auf 180 °C (Umluft: 160 °C) vorheizen. Teig auf einer bemehlten Arbeitsfläche ca. 3 Millimeter dünn ausrollen. Beliebige Formen ausstechen. Auf ein mit Backpapier ausgelegtes Backblech legen und im vorgeheizten Ofen 10–12 Minuten backen, bis die Plätzchen ganz leicht gebräunt sind. Mit dem Backpapier vom Blech ziehen und auf einem Kuchengitter abkühlen lassen.

3. Für die Dekoration Eiweiß steif schlagen, Puderzucker einrieseln lassen. Zitronensaft unterschlagen, sodass ein cremiger Guss entsteht. Nach Belieben bunt einfärben und die Ausstechplätzchen damit verzieren.

Tipp

Zum Plätzchenverzieren eignen sich auch Pistazien und Nüsse. Entspricht die Verzierung einmal nicht den Vorstellungen, kann man sie nach dem Trocknen mit einer Glasurschicht, Puderzucker oder Kakaopulver überdecken.

Zutatenliste

DEINS
MIT LIEBE

Lebkuchensterne
und -tannenbäume

Zutaten

200 g Honig
50 g Butter
100 g Zucker
250 g Weizenmehl
250 g Mandeln (gemahlen)
2 TL Lebkuchengewürz
5 g Pottasche
Holzstäbchen
1 Ei
360 g Puderzucker
1 EL Zitronensaft
rosa Lebensmittelfarbe
bunte Schokolinsen

Backzeit
ca. 20 Min.
Für 20 Stück

Zubereitung

1. Honig, Butter und Zucker in einem Topf unter stetigem Rühren erhitzen, bis der Zucker aufgelöst ist. Abkühlen lassen.

2. Mehl, Mandeln, Lebkuchengewürz und Pottasche in einer Schüssel vermischen. Honigmasse hinzugeben und zunächst mit dem Knethaken des Handrührgeräts, dann mit den Händen zu einem glatten Teig verarbeiten. Teig in Frischhaltefolie eingewickelt bei Zimmertemperatur etwa 3–4 Stunden stehen lassen. Danach auf einer bemehlten Arbeitsfläche ausrollen.

3. Backofen auf 170 °C (Umluft: 150 °C) vorheizen. Teig ca. 0,5 Zentimeter dick ausrollen. Plätzchen ausstechen und auf ein mit Backpapier ausgelegtes Backblech geben. Im vorgeheizten Backofen ca. 20 Minuten backen. Plätzchen abkühlen lassen.

4. Ei trennen. Eiweiß etwas schlagen, nach und nach den gesiebten Puderzucker zugeben und weiterschlagen. Zitronensaft langsam zugeben und weiterschlagen, bis ein glänzendes, cremiges Icing entstanden ist. Mit rosa Lebensmittelfarbe färben.

5. Je einen Stern mit dem Icing bestreichen, ein Stäbchen in das Icing drücken und einen zweiten Stern auf Icing und Stäbchen drücken. Die Weihnachtsbäume ebenso bearbeiten. Icing in einen Spritzbeutel füllen und Tannenbäume sowie Sterne damit verzieren. Mit Schokolinsen dekorieren.

Zutatenliste

Spritzgebäck
wie von Großmutter

Zutaten

250 g weiche Butter
120 g Puderzucker
200 g Zucker
1 1/2 Päckchen Vanillezucker
2 Eigelb
75 ml Milch
1/2 unbehandelte Zitrone
500 g Mehl
1 TL Backpulver
200 g Mandeln (gemahlen)
1 Prise Salz

Backzeit 15–20 Min.
Für 70 Stück

Zubereitung

1. Backofen auf 170 °C (Umluft: 150 °C) vorheizen. Butter, Puderzucker, Zucker und Vanillezucker mit den Quirlen des Handrührgeräts zu einer cremigen Masse schlagen. Eigelbe und Milch unterrühren.

2. Zitrone heiß waschen, trocken tupfen und Schale fein abreiben. Saft auspressen und unter den Teig rühren.

3. Mehl und Backpulver mischen. Mandeln, Salz und Zitronenschale zufügen. Alles zur Teigmasse geben und unterrühren.

4. Teig in einen Spritzbeutel füllen. Auf zwei mit Backpapier ausgelegten Backblechen gleichmäßig und mit ausreichend Abstand Kreise aufspritzen. Im vorgeheizten Ofen ca.15–20 Minuten backen.

Tipp

Seien Sie kreativ und variieren Sie! Nicht nur Kreise lassen sich aus Spritzgebäck formen, sondern auch Halbkreise, S-Formen, Stangen oder kleine Tannenbäume. Geschmackliche Varianten erhalten Sie, wenn Sie einen Teil des Mehls durch Kakao oder gemahlene Mandeln ersetzen.

Zutatenliste

Spekulatius
Modelgebäck ganz aromatisch

Zutaten

100 g Haselnüsse (gehackt)
1/2 unbehandelte Zitrone
170 g weiche Butter
220 g Zucker
70 g Sahne
2 Eigelb
2 TL Spekulatiusgewürz
1 Prise Salz
1 Msp. Hirschhornsalz
370 g Mehl

Backzeit
ca. 10 Min.
Für 70 Stück

Zubereitung

1. Haselnüsse in einer Pfanne ohne Fett unter Rühren hellbraun rösten und abkühlen lassen.

2. Zitrone heiß waschen, trocken tupfen und etwa 1 Teelöffel Schale fein abreiben. Butter, Zucker, Sahne, Eigelbe, Spekulatiusgewürz, Salz, Zitronenschale und Nüsse in einer Schüssel mit den Quirlen des Handrührgeräts rasch zu einer glatten Masse verrühren.

3. Hirschhornsalz in 1–2 Esslöffel kaltem Wasser auflösen, mit dem Mehl zur Teigmasse geben und mit den Knethaken des Handrührgeräts rasch verkneten. Teig in Frischhaltefolie gewickelt für 1 Stunde kalt stellen.

4. Backofen auf 200 °C (Umluft: 180 °C) vorheizen. Hölzerne Spekulatiusform (Model) gleichmäßig dünn mit Mehl bestäuben. Teig auf einer bemehlten Arbeitsfläche kurz mit den Händen kneten (er darf nicht klebrig sein). Teig in kleine Portionen teilen, auf die Mulden des Models legen und hineindrücken. Überschüssigen Teig mit einem scharfen Messer abschneiden.

5. Spekulatius vorsichtig aus dem Model stürzen und auf ein mit Backpapier ausgelegtes Backblech legen. Im vorgeheizten Ofen ca. 10 Minuten auf der mittleren Schiene hellbraun backen. Auf Kuchengittern abkühlen lassen.

Zutatenliste

Zimtsterne,
weihnachtliche Stimmungsmacher

Zutaten

500 g Haselnüsse oder Mandeln (gemahlen)
3 Eiweiß
350 g Puderzucker
1 Päckchen Vanillezucker
1 Prise Salz
2 TL Zimt

Backzeit 18–20 Min.
Für 60 Stück

Zubereitung

1. Haselnüsse bzw. Mandeln in einer Pfanne ohne Fett goldbraun rösten, etwas abkühlen lassen.

2. Eiweiße mit den Quirlen des Handrührgeräts sehr steif schlagen. 250 Gramm Puderzucker langsam unter ständigem Rühren einrieseln lassen. Haselnüsse bzw. Mandeln mit den Knethaken des Handrührgeräts unterrühren, Vanillezucker, Salz und Zimt zufügen.

3. Backofen auf 150 °C (Umluft: 130 °C) vorheizen. Teig auf einer bemehlten Arbeitsfläche ca. 0,5 Zentimeter dünn ausrollen, Sterne ausstechen, auf ein mit Backpapier ausgelegtes Backblech legen und im vorgeheizten Ofen ca. 18–20 Minuten backen. Abkühlen lassen.

4. Restlichen Puderzucker und 3 Esslöffel Wasser glatt rühren. Sterne mit der Oberseite in den Guss tauchen oder damit bepinseln. Auf einem Kuchengitter trocknen lassen.

Zutatenliste

Herzhafte Plätzchen,
anders – aber lecker!

Zutaten

250 g Mehl
2 TL Backpulver
125 g Margarine (z. B. Sanella)
1 Ei
80 g Frischkäse mit Kräutern
1 TL Salz
1 TL Paprikapulver
1 TL Oregano (gerebelt)
1 TL Basilikum (getrocknet)
1 Eigelb
etwas Sesam, gehackte Nüsse und Mohn zum Bestreuen

Backzeit ca. 15 Min.
Für 40 Stück

Zubereitung

1. Mehl und Backpulver mischen und in eine Schüssel sieben. Margarine, Ei, Frischkäse, Salz, Paprika, Oregano und Basilikum zugeben und mit den Knethaken des Handrührgeräts zu einem glatten Teig verarbeiten.

2. Teig auf einer bemehlten Arbeitsfläche ca. 3 Millimeter dünn ausrollen. Mit Plätzchenformen ausstechen und auf ein mit Backpapier ausgelegtes Backblech legen. Backofen auf 200 °C (Umluft: 180 °C) vorheizen.

3. Eigelb verschlagen. Plätzchen mit dem Eigelb bestreichen und mit Sesam, gehackten Nüssen oder Mohn bestreuen, eventuell leicht andrücken. Die herzhaften Plätzchen im vorgeheizten Ofen ca. 15 Minuten backen.

Zutatenliste

Haferflockenkleckse,
zum Anbeißen knusprig!

Zutaten

75 g Margarine
(z. B. Sanella)
100 g Haferflocken (kernig)
75 g Haselnüsse (gehackt)
1/2 TL Zimt
5 EL Zucker
1 Ei
50 g Mehl
1/2 TL Backpulver
1 Prise Salz

Backzeit
10–15 Min.
Für 24 Stück

Zubereitung

1. Backofen auf 200 °C (Umluft: 180 °C) vorheizen. Margarine in einer Pfanne schmelzen. Haferflocken, Haselnüsse, Zimt und 1 Esslöffel Zucker vermischen, zugeben und unter ständigem Rühren 2–3 Minuten anrösten, bis es duftet. Etwas abkühlen lassen.

2. Restlichen Zucker und Ei mit den Quirlen des Handrührgeräts zu einer hellen, dickschaumigen Masse aufschlagen. Mehl, Backpulver und Salz vermischen, mit der Margarine-Haferflocken-Mischung vermengen und unter die Ei-Zucker-Masse rühren.

3. Teig teelöffelweise in kleinen Häufchen auf ein mit Backpapier ausgelegtes Backblech setzen, nach Belieben etwas flach drücken. Haferflockenkleckse im vorgeheizten Ofen 10–15 Minuten goldbraun backen.

Tipp

Die Plätzchen sind, trocken und kühl gelagert, etwa vier Wochen haltbar. Geben Sie sie zur Aufbewahrung in eine luftdichte Dose und legen Sie Back- oder Pergamentpapier zwischen die einzelnen Schichten.

Zutatenliste

Schmand-Kringel,
feine Plätzchen aus saurer Sahne

Zutaten

100 g Mehl
100 g Speisestärke (z. B. von Mondamin)
50 g Margarine (z. B. Sanella)
150 g saure Sahne
1 Eigelb
1 EL Sahne
120 g Hagelzucker zum Bestreuen

Backzeit 10–15 Min.
Für 45 Stück

Zubereitung

1. Mehl und Speisestärke vermischen und in eine Schüssel sieben. Weiche, zimmerwarme Margarine und saure Sahne zugeben und mit den Knethaken des Handrührgeräts zu einem glatten Teig verarbeiten. Teig in Frischhaltefolie gewickelt mindestens 1 Stunde kalt stellen.

2. Teig auf einer bemehlten Arbeitsfläche ca. 3 Millimeter dünn ausrollen. Mit einem runden Ausstecher (ca. 7 Zentimeter Durchmesser) Plätzchen ausstechen. Mit einem kleinen runden Ausstecher jeweils ein Loch in der Mitte ausstechen. Kringel mit etwas Abstand auf ein mit Backpapier ausgelegtes Backblech legen.

3. Backofen auf 200 °C (Umluft: 180 °C) vorheizen. Eigelb und Sahne verquirlen und auf die Kringel streichen. Mit Hagelzucker bestreuen. Im vorgeheizten Ofen ca. 10–15 Minuten goldbraun backen. Auf einem Kuchengitter abkühlen lassen.

Tipp

Sind Ihre Plätzchen zu trocken geworden? Kein Grund zum Wegwerfen! Versuchen Sie es doch mal hiermit: Geben Sie das Gebäck in ein trockenes Behältnis und erwärmen Sie es gut verschlossen einige Minuten im Wasserbad. So werden die Plätzchen wieder genießbar.

Zutatenliste

Marzipan
im Pfefferkuchenmantel

Zutaten

125 g flüssiger Honig
75 g Zucker
50 g Margarine
(z. B. Sanella)
225 g Mehl
1/2 Päckchen Backpulver
2 TL Zimt
1/2 TL Pfefferkuchengewürz
abgeriebene Schale von
2 unbehandelten Orangen
300 g Marzipanrohmasse
1 Eiweiß

Backzeit
ca. 15 Min.
Für 50 Stück

Zubereitung

1. Honig, Zucker und Margarine in einem Topf unter Rühren erhitzen, bis sich der Zucker auflöst. Abkühlen lassen.

2. Mehl und Backpulver vermischen, sieben und mit Gewürzen sowie der Schale von 1 Orange vermischen. Honigmasse zugeben und mit den Knethaken des Handrührgeräts zu einem geschmeidigen Teig verarbeiten. Zugedeckt ca. 1 Stunde ruhen lassen.

3. Marzipanrohmasse mit der restlichen Orangenschale verkneten und zu 5 ca. 20 Zentimeter langen Rollen formen. Rollen für ca. 45 Minuten kalt stellen.

4. Teig auf einer bemehlten Arbeitsfläche zu einem Rechteck (ca. 40 x 20 Zentimeter) ausrollen. In fünf Streifen schneiden, jeden Teigstreifen mit Eiweiß bepinseln. Jeweils eine Marzipanrolle in die Mitte legen, mit Teig umhüllen und an den Nahtstellen festdrücken. Teigrollen mit der Naht nach unten auf eine mit Klarsichtfolie ausgelegte Platte legen und mindestens 5 Stunden (am besten über Nacht) zugedeckt kalt stellen.

5. Backofen auf 175 °C (Umluft: 155 °C) vorheizen. Teigrollen in ca. 1,5 Zentimeter dicke Scheiben schneiden. Mit Abstand (Teig geht etwas auf) auf ein mit Backpapier ausgelegtes Backblech legen. Im vorgeheizten Ofen 15 Minuten backen.

Zutatenliste

Schoko-Zungen mit Anis,
herrlich schokoladig

Zutaten

175 g Margarine (z. B. Sanella)
3 Eier
125 g Zucker
1 TL Bourbon-Vanillezucker
3 TL gemahlener Anis
100 g Speisestärke (z. B. von Mondamin)
100 g Mehl
3 TL Kakaopulver
50 g Zartbitterschokolade
150 g Puderzucker
3 EL Kirschsaft

Backzeit 10–12 Min.
Für 40 Stück

Zubereitung

1. Margarine schmelzen und zum Abkühlen beiseite stellen. Eier mit Zucker, Vanillezucker und Anis mit den Quirlen des Handrührgeräts auf höchster Stufe schaumig schlagen. Speisestärke, Mehl und Kakao unter die Eicreme heben. Schokolade fein hacken und unterheben. Die abgekühlte, flüssige Margarine daruntermischen.

2. Backofen auf 200–220 °C (Umluft: 180–200 °C) vorheizen. Teig in einen Spritzbeutel mit kleiner Lochtülle füllen und ca. 6 Zentimeter lange Zungen auf ein mit Backpapier ausgelegtes Backblech spritzen. Im vorgeheizten Ofen ca. 10–12 Minuten backen.

3. Schoko-Zungen abkühlen lassen. Puderzucker und Kirschsaft verrühren und die Plätzchen mit Streifenmuster verzieren.

Tipp

Schokolade sollten Sie immer trocken und kühl aufbewahren, damit sich kein Zucker- oder Fettreif bildet, der als weißlicher Belag zu erkennen ist. Lagern Sie sie außerdem immer getrennt von anderen Lebensmitteln, damit sie keine fremden Gerüche annimmt.

Zutatenliste

Genuss

mit Kakao und Nuss

Schwarz-Weiß-Gebäck
Mürbeteig mit Muster

Zutaten

240 g Mehl
60 g Speisestärke (z. B. von Mondamin)
100 g Puderzucker
1 Eigelb
200 g Margarine (z. B. Sanella)
4 EL Kakaopulver

Backzeit
10–15 Min.
Für 40 Stück

Zubereitung

1. Mehl, Speisestärke und Puderzucker vermischen. Eigelb mit Mehlgemisch und Margarine in kleinen Flöckchen mit den Knethaken des Handrührgeräts zu einem geschmeidigen Teig verarbeiten. Teig halbieren. Unter eine Hälfte Kakao kneten.

2. Beide Teighälften nun wieder beliebig vermischen und Teigrollen (Durchmesser ca. 3–4 Zentimeter) daraus formen. Die Rollen in Frischhaltefolie wickeln und ca. 2 Stunden kalt stellen.

3. Backofen auf 180 °C (Umluft: 160 °C) vorheizen. Teigrollen in Scheiben schneiden und auf ein mit Backpapier ausgelegtes Backblech geben. Schwarz-Weiß-Gebäck im vorgeheizten Ofen 10–15 Minuten backen.

Tipp

Ein Schneckenmuster erhalten Sie, wenn Sie hellen und dunklen Teig jeweils dünn ausrollen, die Teigplatten übereinanderlegen und gemeinsam aufrollen. Für ein Schachbrettmuster Teige aufeinanderlegen, in vier dicke Streifen schneiden, zwei Streifen entgegengesetzt aneinanderlegen (leicht andrücken) und in Scheiben schneiden. Die einzelnen Streifen können Sie mit in etwas Milch verrührtem Eigelb zusammenkleben.

Zutatenliste

Himmelsbrot

Gebäck aus anderen Sphären

Zutaten

4 Eiweiß
250 g Rohrohrzucker
1 Päckchen Vanillezucker
150 g Honigmarzipan
300 g Haselnüsse (gemahlen)
1 TL Zimt
100 g Kuvertüre

Backzeit
20–25 Min.
Für 40 Stück

Zubereitung

1. Eiweiße sehr steif schlagen. Zucker und Vanillezucker nach und nach einrieseln lassen. Marzipan sehr fein zerkrümeln (dazu evtl. leicht erwärmen, es sollte nicht mehr stückig sein), mit Haselnüssen und Zimt vermischen und unter den Eischnee heben.

2. Backofen auf 150 °C (Umluft: 170 °C) vorheizen. Teig in einen Spritzbeutel mit gezackter Tülle geben und Streifen auf ein mit Backpapier ausgelegtes Backblech spritzen. Im vorgeheizten Ofen ca. 20–25 Minuten backen. Anschließend abkühlen lassen.

3. Kuvertüre im Wasserbad langsam schmelzen. Himmelsbrot an beiden Enden in die geschmolzene Kuvertüre tauchen. Auf einem Kuchengitter (Küchenpapier unter das Gitter legen) gut trocknen lassen. In einer Dose bleiben die Plätzchen lange frisch.

Tipp

Honigmarzipan können Sie auch selbst herstellen. Für 300 Gramm 200 Gramm blanchierte Mandeln auf einem Backblech auslegen und bei 50 °C ca. 35 Minuten trocknen lassen. Nach ca. 20 Minuten wenden. Mandeln fein mahlen und mit 100 Gramm festem, hellem Honig sowie 1/2 Eßlöffel Rosenwasser zu einer glatten Masse verkneten. Zur Rolle geformt und in Folie eingewickelt, im Kühlschrank lagern.

Zutatenliste

Kokosmakronen,
einfach exotisch

Zutaten

200 g Kokosraspel
4 Eiweiß
150 g Zucker
1 Päckchen Vanillezucker
1 Msp. Zimt
4 Tropfen Bittermandelaroma

Backzeit
ca. 20 Min.
Für 65 Stück

Zubereitung

1. Kokosraspeln in einer beschichteten Pfanne ohne Fett goldgelb anrösten und abkühlen lassen.

2. Backofen auf 140 °C (Umluft: 120 °C) vorheizen. Eiweiße mit den Quirlen des Handrührgeräts auf höchster Stufe sehr steif schlagen. Zucker, Vanillezucker und Zimt nach und nach einrieseln lassen. Kokosraspeln und Bittermandelaroma vorsichtig unter den Eischnee heben (nicht rühren).

3. Teig in einen Spritzbeutel mit gezackter Tülle geben und Makronen auf ein mit Backpapier ausgelegtes Backblech spritzen. Im unteren Drittel des vorgeheizten Ofens ca. 20 Minuten backen.

4. Makronen mit dem Backpapier vom Backblech ziehen und auf einem Kuchengitter abkühlen lassen.

Tipp

Wer Makronen etwas saftiger mag, kann zum Teig 70 Gramm Quark zufügen (zusammen mit den Kokosraspeln unterheben). Außerdem kann man die Makronen, wenn man keinen Spritzbeutel zur Hand hat, teelöffelweise auf Backoblaten streichen.

Zutatenliste

Schoko-Nuss-Taler
Weihnachtliches für Naschkatzen

Zutaten

150 g Butter
1 Ei
125 g Zucker
1 Päckchen Vanillezucker
1 Prise Salz
1 Msp. Zimt
etwas abgeriebene Schale von 1 unbehandelten Zitrone
2 EL Nussnugatcreme
225 g Dinkelmehl (z. B. von Aurora)
1/2 Päckchen Backpulver
125 g dunkle Kuvertüre (gehackt)
75 g dunkle Kuchenglasur

Backzeit ca. 12 Min.
Für 30 Stück

Zubereitung

1. Weiche Butter und Ei mit den Quirlen des Handrührgeräts verrühren. Zucker, Vanillezucker, Salz und Zimt nach und nach einrieseln lassen und schaumig schlagen. Zitronenschale und Nussnugatcreme zufügen und unterrühren.

2. Mehl mit Backpulver vermischen, unterrühren und alles zu einem glatten Teig verarbeiten. Kuvertüre unter den Teig kneten.

3. Teig halbieren und auf einer leicht bemehlten Arbeitsfläche zu jeweils einem Strang von ca. 23 Zentimetern rollen. Teigstränge in Frischhaltefolie gewickelt im Kühlschrank mindestens 1 Stunde kalt stellen.

4. Backofen auf 200 °C (Umluft: 180 °C) vorheizen. Teigstränge in ca. 1,5 Zentimeter breite Scheiben schneiden und mit ausreichend Abstand auf ein mit Backpapier ausgelegtes Backblech legen. Teigstücke etwas andrücken und mit den Händen oder einem Roller zu runden Talern formen.

5. Plätzchen im vorgeheizten Ofen ca. 12 Minuten dunkel ausbacken, anschließend abkühlen lassen. Kuchenglasur vorsichtig erwärmen und Boden der Taler damit bestreichen. Glasur aushärten lassen.

Zutatenliste

Schokoherzen

für das Fest der Liebe

Zutaten

250 g kalte Butter
370 g Mehl
2 TL Kakaopulver
120 g Zucker
1 Eigelb
1 TL Lebkuchengewürz
1 Msp. Kardamom (gemahlen)

Backzeit ca. 10 Min.
Für 80 Stück

Zubereitung

1. Butter in Flöckchen teilen. Mehl und Kakao vermischen. Zusammen mit Butter, Zucker, Eigelb, Lebkuchengewürz und Kardamom erst mit den Knethaken des Handrührgeräts, dann mit den Händen zu einem glatten Teig verkneten. Zu einer Kugel formen, in Frischhaltefolie wickeln und für 1 Stunde kühl stellen.

2. Backofen auf 200 °C (Umluft: 180 °C) vorheizen. Teig zwischen einem aufgeschnittenen großen Gefrierbeutel oder zwischen zwei Stücken Frischhaltefolie portionsweise ausrollen und Herzen ausstechen. Auf ein mit Backpapier ausgelegtes Backblech legen. Im vorgeheizten Ofen ca. 10 Minuten backen.

Tipp

In einer hübschen Vorratsdose oder in einem dekorativen kleinen Karton oder einer Schachtel, die mit Geschenkpapier beklebt und mit Pergamentpapier ausgelegt ist, sind diese Plätzchen ein hübsches Weihnachtsgeschenk.

Zutatenliste

Haselnussplätzchen
mit Schokolade

Zutaten

2 Eigelb
150 g warme Butter
1 Spritzer Zitronensaft
100 g Zucker
225 g Mehl
125 g Haselnüsse (gemahlen)
1 Prise Salz
150 g Haselnusskerne
150 g dunkle Kuvertüre

Backzeit
8–10 Min.
Für 50 Stück

Zubereitung

1. Eigelbe, Butter und Zitronensaft mit den Quirlen des Handrührgeräts aufschlagen, Zucker einrieseln lassen und schaumig schlagen. Mehl, Haselnüsse und Salz vermischen, zugeben und zu einem glatten Teig verarbeiten. Teig mithilfe von Frischhaltefolie zu Rollen formen (Durchmesser ca. 3–5 Zentimeter) und im Kühlschrank ca. 1 Stunde kalt stellen.

2. Backofen auf 180 °C (Umluft: 160 °C) vorheizen. Teigrollen in ca. 1 Zentimeter dicke Scheiben schneiden. Im vorgeheizten Ofen auf einem mit Backpapier ausgelegten Backblech ca. 8–10 Minuten backen. Mit dem Backpapier vom Blech ziehen und auf einem Kuchengitter abkühlen lassen.

3. Haselnusskerne in einen Plastikbeutel geben und mit einem Nudelholz grob zerkleinern. Kuvertüre im Wasserbad schmelzen. Jeweils einen Teelöffel der geschmolzenen Kuvertüre auf die Oberseite der Plätzchen geben und einige Nusssplitter daraufstreuen. Auf einem Kuchengitter aushärten lassen.

Zutatenliste

Schneebällchen,
ein locker-flockiger Wintergenuss

Zutaten

250 g warme Butter
250 g Puderzucker
abgeriebene Schale + 2–3 EL Saft von 1 unbehandelten Zitrone
100 g Mehl
250 g Speisestärke
3 EL Kokosraspel + Kokosraspel zum Wälzen

Backzeit ca. 15 Min.
Für 55 Stück

Zubereitung

1. Butter, 100 Gramm Puderzucker, Zitronenschale, Mehl und Speisestärke vermischen. Alles mit den Knethaken des Handrührgeräts auf niedrigster Stufe verarbeiten. Teig im Kühlschrank mindestens 30 Minuten kalt stellen. Kokosraspel in einer beschichteten Pfanne ohne Fett goldgelb anrösten und abkühlen lassen.

2. Backofen auf 200 °C (Umluft: 180 °C) vorheizen. Teigrollen formen (Durchmesser ca. 3 Zentimeter) und in ca. 1 Zentimeter dicke Scheiben schneiden. Kokosraspel in Häufchen (ca. 1/2 Teelöffel) auf die Teigscheiben legen und diese mit bemehlten Händen zu Bällchen formen. Plätzchen auf ein mit Backpapier ausgelegtes Blech setzen und im vorgeheizten Ofen ca. 15 Minuten backen. Anschließend auf einem Kuchengitter abkühlen lassen.

3. Restlichen Puderzucker und Zitronensaft glatt rühren und die Bällchen in den Guss tauchen bzw. damit bestreichen. Anschließend in den Kokosraspeln wälzen und trocknen lassen.

Zutatenliste

КСЕНИЯ

Plätzchen-Taler
mit weißer Schokolade und Nüssen

Zutaten

125 g Butter
1 Ei
125 g Rohrohrzucker
175 g Mehl
1 TL Backpulver
1 Prise Salz
100 g weiße Schokolade
75 g Macadamianüsse oder blanchierte Mandeln
30 g Cranberrys (getrocknet)

Backzeit
ca. 15 Min.
Für 20 Stück

Zubereitung

1. Butter und Ei mit den Quirlen des Handrührgeräts verrühren, Rohrohrzucker nach und nach einrieseln lassen und schaumig schlagen. Mehl, Backpulver und Salz vermischen und mit den Knethaken des Handrührgeräts zu einem glatten Teig verrühren.

2. Backofen auf 200 °C (Umluft: 180 °C) vorheizen. Schokolade grob hacken. Macadamianüsse bzw. Mandeln in einen Plastikbeutel geben und mit einem Nudelholz grob zerkleinern. Zusammen mit den Cranberrys unter den Teig heben.

3. Teig portionsweise (ca. 1 Esslöffel pro Taler) mit Abstand auf ein mit Backpapier ausgelegtes Backblech setzen und etwas flach drücken. Taler im vorgeheizten Ofen ca. 15 Minuten hellbraun backen. Abkühlen lassen.

Tipp

Triebmittel wie Backpulver oder Speisenatron sollten Sie stets trocken lagern. Achten Sie außerdem auf das Mindesthaltbarkeitsdatum, damit die Mittel nicht nach einiger Zeit an Triebkraft verlieren.

Zutatenliste

Kakaokugeln

Mürbeteigplätzchen mit Nuss

Zutaten

75 g Mehl
250 g Speisestärke (z. B. von Mondamin)
100 g Puderzucker + Puderzucker zum Bestäuben
1 Päckchen Vanillezucker
30 g Kakaopulver
250 g Margarine (z. B. Sanella)
75 g Haselnusskerne

Backzeit 10–12 Min.
Für 50 Stück

Zubereitung

1. Mehl, Speisestärke, 100 Gramm Puderzucker, Vanillezucker und Kakao vermischen. Margarine in kleinen Flöckchen zugeben und alles erst mit den Knethaken des Handrührgeräts und anschließend mit den Händen zu einem glatten Teig verarbeiten.

2. Backofen auf 180 °C (Umluft: 160 °C) vorheizen. Teig zu Rollen formen (Durchmesser ca. 3 Zentimeter) und in ca. 1 Zentimeter dicke Scheiben schneiden. In die Mitte jeder Scheibe eine Haselnuss setzen und daraus mit bemehlten Händen eine Kugel formen. Kakaokugeln auf einem mit Backpapier ausgelegten Backblech im vorgeheizten Ofen ca. 10–12 Minuten backen.

3. Kakaokugeln abkühlen lassen und anschließend nach Belieben mit Puderzucker bestäuben oder in Puderzucker wälzen.

Tipp

In originelle Papiertütchen aus stärkerem Geschenkpapier verpackt, können Plätzchen ideal verschenkt werden. Hierzu befestigt man einen Bleistift an einem ca. 20–30 Zentimeter langen Faden, hält diesen an der linken unteren Ecke des Geschenkpapiers fest und zieht bei gespanntem Faden mit dem Bleistift einen Bogen von der linken oberen Ecke bis zur unteren Kante. Danach wird das Papier entlang der Linie ausgeschnitten, zur Tüte gerollt und an den Kanten zusammengeklebt.

Zutatenliste

Ingwer-Mandel-Sterne,
würzig und frisch

Zutaten

200 g Mehl
100 g Mandeln (gemahlen)
50 g brauner Zucker (fein)
1 Ei
150 g Margarine (z. B. Rama)
100 g Ingwer (in Sirup eingelegt)
100 g Kuchenglasur

Backzeit ca. 13 Min.
Für 50 Stück

Zubereitung

1. Mehl, Mandeln, Zucker, Ei und Margarine mit den Knethaken des Handrührgeräts zu einem geschmeidigen Teig verarbeiten. Ingwer abtropfen lassen, fein würfeln und unter den Teig kneten. Teig in Frischhaltefolie gewickelt ca. 2 Stunden kalt stellen.

2. Backofen auf 175 °C (Umluft: 155 °C) vorheizen. Teig auf einer bemehlten Arbeitsfläche ca. 0,5 Zentimeter dick ausrollen. Sterne ausstechen und auf ein mit Backpapier ausgelegtes Backblech legen. Im vorgeheizten Ofen ca. 13 Minuten backen. Plätzchen auf einem Kuchengitter abkühlen lassen.

3. Kuchenglasur im Wasserbad schmelzen und die Glasur gitterförmig auf den Sternen verteilen.

Tipp

Blanchierte Mandeln gibt es fertig zu kaufen. Billiger ist es jedoch, Mandeln mit Haut selbst zu blanchieren. Hierzu Wasser aufkochen, vom Herd nehmen und unbehandelte, rohe Mandelkerne eine Minute darin ziehen lassen. Danach abseihen, kalt abspülen, trocken tupfen und aus der Haut herausdrücken.

Zutatenliste

Florentiner,
knusprige Plätzchentaler

Zutaten

200 g kandierte Früchte
(z. B. Cocktailkirschen, Orangeat, Zitronat)
200 g Sahne
50 g Butter
150 g Zucker
1 Päckchen Vanillezucker
4 EL Mehl
200 g Mandelblättchen
1 Prise Salz
100 g dunkle Kuvertüre

Backzeit
7–8 Min.
Für 50 Stück

Zubereitung

1. Backofen auf 200 °C (Umluft: 180 °C) vorheizen. Kandierte Früchte fein hacken.

2. Sahne mit Butter, Zucker und Vanillezucker kurz unter Rühren aufkochen lassen. Topf vom Herd nehmen. Mehl, Mandelblättchen und Salz unterrühren.

3. Teighäufchen mit ausreichend Abstand auf ein mit Backpapier ausgelegtes Backblech setzen und im vorgeheizten Ofen ca. 7–8 Minuten goldgelb backen. Auf einem Kuchengitter abkühlen lassen.

4. Kuvertüre hacken und im Wasserbad schmelzen. Florentiner auf der Unterseite mit Kuvertüre überziehen und trocknen lassen.

Tipp

Für eine knusprigere Variante ersetzen Sie einfach die Hälfte der Mandeln durch Mandelstifte. Florentiner halten sich in einer Plätzchendose mindestens drei Wochen.

Zutatenliste

Mokka-Mandel-Zungen
mit Kaffeelikör und Espresso

Zutaten

175 g zimmerwarme Margarine (z. B. Sanella)
150 g Puderzucker
2 Eier
3 EL Kaffeelikör
6 g lösliches Espressopulver
75 g Mandeln (gemahlen)
1–2 EL Kakaopulver
175 g Mehl
125 g Kuchenglasur (Vollmilch)

Backzeit ca. 8 Min.
Für 48 Stück

Zubereitung

1. Margarine, Puderzucker und Eier mit den Quirlen des Handrührgeräts cremig rühren. Likör und Espressopulver glatt rühren, mit den Mandeln zur Creme geben und unterrühren. Kakao und Mehl vermischen, auf die Creme sieben und unterheben.

2. Backofen auf 200 °C (Umluft: 180 °C) vorheizen. Teig in einen Spritzbeutel mit mittelgroßer Sterntülle füllen und ca. 5 Zentimeter lange Streifen auf ein mit Backpapier ausgelegtes Backblech spritzen. Zwischen den Teigstreifen Abstand lassen, da der Teig auseinanderläuft.

3. Mokka-Mandel-Zungen im vorgeheizten Ofen ca. 8 Minuten backen. Kuchenglasur im Wasserbad bzw. nach Packungsangabe schmelzen, Plätzchen zur Hälfte eintauchen und auf einem Kuchengitter abkühlen lassen.

Tipp

Kaffeelikör können Sie auch selbst herstellen: Einfach 100 Gramm Zucker, 1 Stange Zimt, 1 aufgeschnittene Vanilleschote und 1 Handvoll Kaffeebohnen in eine Flasche geben, mit 1 Liter Korn auffüllen und verschließen. 1–2 Wochen an einen warmen Ort stellen, dabei täglich schütteln, danach durch ein sauberes Tuch in eine Flasche abfiltern.

Zutatenliste

Lebkuchenmännchen,
lustige weihnachtliche Gesellen

Zutaten

100 g Butter
200 g Honig
200 g Zucker
100 g Mandeln (gemahlen)
400 g Mehl
1 1/2 TL Lebkuchengewürz
ausgekratztes Mark einer Vanilleschote
1 TL abgeriebene Schale von 1 unbehandelten Zitrone
1 TL Zimt
1 Ei
1 TL Pottasche
2 EL Rum
1 Eiweiß
200 g Puderzucker
verschiedene Lebensmittelfarben

Backzeit 15–20 Min.
Für 20 Stück

Zutatenliste

Zubereitung

1. Butter in Stücke schneiden. Zusammen mit Honig und Zucker in einen Topf geben und unter Rühren erhitzen, bis sich der Zucker aufgelöst hat, abkühlen lassen. Mandeln mit Mehl, Lebkuchengewürz, Vanillemark, Zitronenschale und Zimt vermischen. Ei und Zuckermasse einrühren und mit den Knethaken des Handrührgeräts gründlich verkneten (bei Bedarf noch etwas Mehl zugeben). Pottasche mit Rum glatt rühren, zum Teig geben und so lange weiterkneten, bis ein glänzender und nicht mehr klebriger Teig entstanden ist. Schüssel mit Frischhaltefolie abdecken und über Nacht im Kühlschrank ruhen lassen.

2. Backofen auf 180 °C vorheizen (Umluft: 160 °C). Teig auf einer bemehlten Arbeitsfläche ausrollen und mit einer Schablone oder einer Plätzchenform ca. 10 Zentimeter große Lebkuchenmännchen ausschneiden bzw. ausstechen. Plätzchen auf ein mit Backpapier ausgelegtes Backblech legen und im vorgeheizten Ofen ca. 15–20 Minuten backen. Herausnehmen, mit dem Backpapier vom Blech ziehen und auf einem Kuchengitter abkühlen lassen.

3. Eiweiß steif schlagen, Puderzucker einrieseln lassen und weiterschlagen, bis ein dickflüssiger Guss entstanden ist. Guss portionsweise mit verschiedenen Lebensmittelfarben einfärben. Guss in einen Gefrierbeutel geben, eine kleine Ecke abschneiden und die Lebkuchenmännchen damit verzieren. Nach Belieben mit Zuckerstreuseln dekorieren. Gut trocknen lassen.

Fruchtige
Versuchungen

Zitronen-Plätzchen,
fruchtige Leckerei

Zutaten

1 unbehandelte Zitrone
250 g zimmerwarme Butter
150 g Zucker
300 g Mehl
100 g Speisestärke

Backzeit
ca. 30 Min.
Für 80 Stück

Zubereitung

1. Zitrone heiß waschen, trocken tupfen und Schale abreiben. Saft auspressen und beiseite stellen. Butter mit Zucker und Zitronenschale schaumig rühren.

2. Mehl sieben, mit Speisestärke mischen und zusammen mit der Zuckermasse mit den Knethaken des Handrührgeräts zu einem glatten Teig verarbeiten. Zitronensaft zugeben und kurz verkneten. Teig in Frischhaltefolie gewickelt ca. 20–30 Minuten kalt stellen.

3. Backofen auf 170 °C vorheizen (Umluft: 150 °C). Aus dem Teig mit leicht bemehlten Handflächen kleine Bällchen formen und mit etwas Abstand auf ein mit Backpapier ausgelegtes Backblech setzen und etwas flachdrücken.

4. Im vorgeheizten Ofen ca. 30 Minuten auf der mittleren Schiene backen, bis die Plätzchen goldbraun sind. Plätzchen aus dem Ofen nehmen, mit dem Backpapier vom Blech ziehen und abkühlen lassen.

Tipp

Zitronenschalen sollten Sie immer so abreiben, dass das bitter schmeckende Weiße der Schale nicht mit entfernt wird. Belegen Sie die Reibe mit Pergamentpapier. Auf diese Weise lässt sich die Reibe danach besser säubern und die Schale lässt sich gut ablösen.

Zutatenliste

Vanille-Cranberry-Kipferl

Klassiker mit Exotik

Zutaten

50 g getrocknete Cranberrys
200 g leichte Butter
(z. B. von Du darfst)
3 Päckchen Vanillezucker
70 g Zucker
2 Eigelb
280 g Mehl
100 g Mandeln (gemahlen)
Puderzucker zum Bestäuben

Backzeit
10–12 Min.
Für 45 Stück

Zubereitung

1. Cranberrys fein hacken. Weiche Butter, Vanillezucker und Zucker mit den Quirlen des Handrührgeräts schaumig rühren, Eigelbe nach und nach zugeben. Mehl und Mandeln unterrühren. Cranberrys unter den Teig kneten. Teig in Frischhaltefolie gewickelt 30 Minuten kalt stellen.

2. Backofen auf 175 °C (Umluft: 155 °C) vorheizen. Aus dem Teig 45 kleine Halbmonde formen, auf ein mit Backpapier ausgelegtes Backblech geben und im vorgeheizten Ofen ca. 10–12 Minuten backen. Vanille-Cranberry-Kipferl vom Backblech nehmen, abkühlen lassen und mit Puderzucker bestäuben.

Tipp

Kein Puderzucker zur Hand und die Geschäfte haben geschlossen? Zerkleinern Sie einfach herkömmlichen Haushaltszucker mit dem Stabmixer so lange, bis der Zucker die gewünschte pudrige Konsistenz hat.

Zutatenliste

Dominosteine,
verführerisch gefüllt

Zutaten

1 TL Schale von einer abgeriebenen Orange
125 g Butter
100 g Zucker
1 TL Vanillezucker
2 Eier
150 g Mehl
3 TL Backpulver
50 g Speisestärke
30 g Mandeln (gemahlen)
50 ml Milch
3 TL Kakaopulver
100 g Himbeer- oder rotes Johannisbeergelee
200 g Marzipanrohmasse
1–2 TL Rum
100 g Puderzucker
50 g Schokoladenglasur

Backzeit ca. 10 Min.
Für 50 Stück

Zutatenliste

Zubereitung

1. Orange heiß waschen, trocken tupfen und etwas Schale abreiben. Butter, Zucker und Vanillezucker mit den Quirlen des Handrührgeräts schaumig schlagen, Eier zugeben und unterrühren. Mehl, Backpulver und Speisestärke vermischen. Zusammen mit Orangenschale, Mandeln und Milch auf der höchsten Stufe ca. 2 Minuten gut verrühren. Teig teilen und unter die eine Hälfte Kakao rühren.

2. Backofen auf 200 °C (Umluft: 180 °C) vorheizen. Backblech mit Backpapier auslegen, dabei mittig einen Backpapierrand hochziehen, damit die beiden Teige voneinander abgegrenzt sind. In die eine Hälfte den hellen Teig, in die andere Hälfte den dunklen Teig gießen, glatt streichen und im vorgeheizten Ofen ca. 10 Minuten backen. Anschließend abkühlen lassen.

3. Gelee bei schwacher Hitze erwärmen, bis es flüssig ist. Gelee zur Hälfte auf die helle Teigplatte streichen und antrocknen lassen. Marzipan mit Rum und Puderzucker verkneten. In der Größe einer Teigplatte ausrollen und auf den hellen Teig legen. Marzipanschicht mit dem restlichen Gelee bestreichen und den dunklen Teig darauf legen. Unebene Ränder abschneiden und Teig in dominosteingroße Quadrate schneiden.

4. Schokoladenglasur im Wasserbad bzw. nach Packungsangabe schmelzen und Dominosteine damit überziehen. Auf einem Kuchengitter trocknen lassen.

Orangen-Doppeldecker
mit Schoko-Füllung

Zutaten

125 g Butter, 100 g Zucker
1 Päckchen Vanillezucker
1 Prise Salz
Saft und abgeriebene Schale von 1 unbehandelten Orange
Bittermandelaroma
2 Eier
180 g Mehl (z. B. von Aurora)
1/2 Päckchen Backpulver
2 EL Milch
5 EL Mandeln (gehackt)
40 g Sahne
1 TL Honig
50 g Zartbitterschokolade
75 g Vollmilchschokolade
100 g Orangenmarmelade
75 g dunkle Kuchenglasur

Backzeit ca. 45 Min.
Für 30 Stück

Zutatenliste

Zubereitung

1. Weiche Butter mit Zucker, Vanillezucker, Salz, abgeriebener Orangenschale und Bittermandelaroma schaumig rühren. Eier nacheinander unterrühren. Mehl und Backpulver vermischen, sieben und mit Orangensaft, Milch und Mandeln in den Teig einrühren. Backofen auf 200 °C (Umluft: 180 °C) vorheizen.

2. Teigmasse in einen Spritzbeutel mit Rundtülle füllen. Auf ein mit Backpapier ausgelegtes Blech gleichmäßig und mit ausreichend Abstand kleine runde Taler aufspritzen.

3. Teigtaler im vorgeheizten Ofen ca. 10 Minuten backen. Auf einem Gitter vollständig abkühlen lassen.

4. Sahne mit Honig aufkochen. Schokolade grob hacken und in der heißen Sahne auflösen. Schokoladensahne abkühlen lassen und mit dem Handrührer cremig aufschlagen. Creme in einen Spritzbeutel mit Sterntülle füllen. Auf die Hälfte der Taler je einen kleinen Klecks Orangenmarmelade in die Mitte geben und die Schokoladencreme rundherum aufspritzen. Restliche Orangenplätzchen als Deckel auflegen. Kuchenglasur vorsichtig erwärmen und die Taler damit nach Belieben verzieren.

Nusskugel-Lollis

Plätzchenspaß am Stiel

Zutaten

3 Eier
200 g kandierte Früchte
200 ml Rum
150 g Haselnüsse (gemahlen)
150 g Haselnüsse (gehackt)
2 Päckchen Vanillezucker
Holzstäbchen
Fett für das Backblech

Backzeit
ca. 15 Min.
Für 20–25 Stück

Zubereitung

1. Eier trennen. Kandierte Früchte grob hacken. In einem Topf Früchte, Rum, Haselnüsse, Vanillezucker und Eigelbe vermischen. Auf kleiner Hitze unter Rühren so lange erwärmen, bis ein fester Teig entstanden ist. Etwas abkühlen lassen.

2. Backofen auf 75 °C (Umluft: 55 °C) vorheizen. Aus der Nussmasse Kugeln formen und jede Kugel mit einem Stäbchen versehen. Kugeln auf ein mit Backpapier ausgelegtes Backblech legen. Dabei darauf achten, dass sich sowohl die Kugeln als auch die Stäbchen nicht berühren. Im vorgeheizten Ofen ca. 15 Minuten trocknen lassen.

3. Fertige Nusskugeln aus dem Backofen nehmen und auf einem Kuchengitter abkühlen lassen.

Tipp

Zusätzlich zu den kandierten Früchten können Sie auch einige Trockenfrüchte, beispielsweise getrocknete Cranberrys, in den Teig mischen. Als krönenden Abschluss kann man eine Frucht auf die Oberseite der gerollten Kugel setzen.

Zutatenliste

Spitzbuben
mit Johannisbeergelee

Zutaten

200 g Margarine
(z. B. Rama)
125 g Puderzucker + Puderzucker zum Bestäuben
1 Eiweiß
1 Prise Salz
1 Päckchen Vanillezucker
350 g Mehl
225 g rotes Johannisbeergelee

Backzeit
ca. 10 Min.
Für 40 Stück

Zubereitung

1. Margarine, 125 Gramm Puderzucker und Eiweiß mit den Quirlen des Handrührgeräts schaumig schlagen. Salz und Vanillezucker unterrühren. Mehl darübersieben und alles zu einem glatten Teig verkneten, zu einer Kugel formen und ca. 30 Minuten kalt stellen.

2. Backofen auf 200 °C (Umluft: 180 °C) vorheizen. Teig ca. 2 Millimeter dick ausrollen und runde Plätzchen (Durchmesser ca. 6 Zentimeter) mit Wellenrand daraus ausstechen. Aus der Hälfte der ausgestochenen Plätzchen mit einem Apfelausstecher oder Fingerhut wiederum kleine Löcher ausstanzen.

3. Plätzchen auf ein mit Backpapier ausgelegtes Backblech setzen und im vorgeheizten Ofen ca. 10 Minuten backen. Vom Backblech nehmen und auf einem Kuchengitter abkühlen lassen.

4. Gelee erwärmen und glatt rühren. Unterseite der ganzen Plätzchen damit bestreichen und mit jeweils einem gelöcherten Plätzchen zusammenkleben. Mit Puderzucker bestäuben.

Zutatenliste

Tipp

In Zellophanpapier verpackt und mit einer schönen Schleife versehen, eignen sich Spitzbuben auch sehr gut als Geschenk. Das Schleifchen können Sie zusätzlich mit Mini-Kugeln oder Christbaumanhängern aus Holz schmücken.

Apfelpunsch-Herzen
mit weihnachtlichen Gewürzen

Zutaten

250 g zimmerwarme Butter
100 g Puderzucker
1 Päckchen Vanillezucker
Salz
2 Eigelb
300 g Mehl
50 g Speisestärke
(z. B. von Mondamin)
225 g Apfelgelee
4 EL Apfelsaft
2 Stangen Zimt
2 Kapseln Sternanis
3 Gewürznelken
Puderzucker zum Bestäuben

Backzeit
12–14 Min.
Für 45 Stück

Zutatenliste

Zubereitung

1. Butter, Puder- und Vanillezucker sowie 1 Prise Salz mit den Knethaken des Handrührgeräts gut vermischen. Eigelbe unterrühren. Mehl und Speisestärke zugeben, zuerst mit den Knethaken, dann mit den Händen zu einem glatten Teig verkneten. Zu einem flachen Teigstück formen, in Folie wickeln und über Nacht kalt stellen.

2. Am gleichen Tag Apfelgelee und -saft mit Gewürzen aufkochen und bei starker Hitze 5 Minuten köcheln lassen. Lauwarm abkühlen, durch ein Sieb gießen und ebenfalls über Nacht kalt stellen.

3. Backofen auf 180 °C (Umluft 160 °C) vorheizen. Teig nacheinander in drei Portionen aus dem Kühlschrank nehmen und auf einer bemehlten Arbeitsfläche ca. 3 Millimeter dünn ausrollen. Mit einer Plätzchenform in drei verschiedenen Größen ausstechen. Dabei je 45 Herzen (Durchmesser 5, 3 und 2 Zentimeter) auf mit Backpapier ausgelegte Backbleche legen. Nacheinander in der Ofenmitte 12–14 Minuten backen. Abkühlen lassen.

4. Gewürz-Apfelgelee durchrühren, in einen Einweg-Spritzbeutel füllen. Gelee auf den größten und zweitgrößten Herzen verteilen und diese terrassenförmig übereinandersetzen. Mit Geleetupfen verzieren und mit Puderzucker bestäuben.

Tannenbaum-Plätzchen,
aromatisch und dekorativ

Zutaten

abgeriebene Schale von 1 unbehandelten Orange
250 g Mehl
75 g Puderzucker
3 Eigelb
1 Prise Salz
1 TL Zimt
150 g Butter
50 g helle Kuvertüre

Backzeit ca. 12 Min.
Für 17 Stück

Zubereitung

1. Orange heiß waschen, trocken tupfen und Schale abreiben. Mehl und Puderzucker sieben. Orangenschale, Zimt, Salz, 1 Eigelb sowie Butter in Flocken zugeben und alles mit den Knethaken des Handrührgeräts zu einem geschmeidigen Teig verkneten. Teig zu einer Kugel formen und in Frischhaltefolie gewickelt ca. 1 Stunde kalt stellen.

2. Backofen auf 180 °C (Umluft: 160 °C) vorheizen. Teig auf einer gut bemehlten Arbeitsfläche ausrollen und ca. 85 Sterne in fünf unterschiedlichen Größen ausstechen. Restliche Eigelbe verquirlen und Sterne damit bestreichen.

3. Sterne mit etwas Abstand zueinander auf ein mit Backpapier ausgelegtes Backblech legen und im vorgeheizten Ofen ca. 12 Minuten backen. Sterne abkühlen lassen.

4. Kuvertüre klein hacken und im Wasserbad schmelzen. Jeweils 5 Sterne (von groß unten nach klein oben) mit der Kuvertüre zu Tannenbäumen zusammenkleben. Auf einem Kuchengitter trocknen lassen.

Zutatenliste

Schoko-Kirsch-Kugeln,

eine feierliche Köstlichkeit

Zutaten

500 g Mehl
1 TL Backpulver
250 g Margarine (z. B. Sanella)
150 g Zucker
2 Eier
200 g weiße Raspelschokolade
150 g Belegkirschen
75 g weiße Kuvertüre

Backzeit ca. 18 Min.
Für 65 Stück

Zubereitung

1. Mehl und Backpulver in eine Schüssel sieben. Margarine, Zucker und Eier zugeben und alles mit den Knethaken des Handrührgeräts zu einem glatten Teig verarbeiten. Teig zu ca. 3 Zentimeter dicken Rollen formen und in Frischhaltefolie gewickelt ca. 2 Stunden kalt stellen.

2. Backofen auf 175 °C (Umluft: 155 °C) vorheizen. Teigrollen in ca. 1 Zentimeter breite Scheiben schneiden, jeweils 1 Teelöffel Raspelschokolade und 1 Belegkirsche darauflegen und Teig darüberschlagen. Auf ein mit Backpapier ausgelegtes Backblech legen und im vorgeheizten Ofen ca. 18 Minuten backen. Herausnehmen und auf einem Kuchengitter abkühlen lassen.

3. Kuvertüre klein hacken, im Wasserbad schmelzen und Kekse damit verzieren.

Tipp

Wenn nicht anders angegeben, sollten Sie beim Plätzchenbacken immer Eier in der Größe M verwenden. Denn sind die Eier zu groß oder zu klein, kann sich das auf die Konsistenz des Teigs auswirken.

Zutatenliste

Register

Apfelpunsch-Herzen mit weihnachtlichen Gewürzen 74

Dominosteine, verführerisch gefüllt 66

Florentiner, knusprige Plätzchentaler 54

Haferflockenkleckse, zum Anbeißen knusprig! 24
Haselnussplätzchen mit Schokolade 44
Herzhafte Plätzchen, anders – aber lecker! 22
Himmelsbrot – Gebäck aus anderen Sphären 36

Ingwer-Mandel-Sterne, würzig und frisch 52

Kakaokugeln – Mürbeteigplätzchen mit Nuss 50
Klassische Ausstechplätzchen 12
Kokosmakronen, einfach exotisch 38

Lebkuchenmännchen, lustige weihnachtliche Gesellen 58
Lebkuchensterne und –tannenbäume 14

Marzipan im Pfefferkuchenmantel 28
Mokka-Mandel-Zungen mit Kaffeelikör und Espresso 56

Nusskugel-Lollis Plätzchenspaß am Stiel 70

Orangen-Doppeldecker mit Schoko-Füllung 68

Plätzchen-Taler mit weißer Schokolade und Nüssen 48

Schmand-Kringel, feine Plätzchen aus saurer Sahne 26
Schneebällchen, ein locker-flockiger Wintergenuss 46
Schokoherzen für das Fest der Liebe 42
Schoko-Kirsch-Kugeln, eine feierliche Köstlichkeit 78
Schoko-Nuss-Taler – Weihnachtliches für Naschkatzen 40
Schoko-Zungen mit Anis, herrlich schokoladig 30
Schwarz-Weiß-Gebäck – Mürbeteig mit Muster 34
Spekulatius – Modelgebäck ganz aromatisch 18
Spitzbuben mit Johannisbeergelee 72
Spritzgebäck wie von Großmutter 16

Tannenbaum-Plätzchen, aromatisch und dekorativ 76

Vanille-Cranberry-Kipferl – Klassiker mit Exotik 64

Zimtsterne, weihnachtliche Stimmungsmacher 20
Zitronen-Plätzchen, fruchtige Leckerei 62

Impressum

www.otus.ch
ISBN 978-3-03793-535-4

Komplettproducing: twinbooks, München
Texte: Melanie Goldmann, Viktoria Schuster für twinbooks, München
Text- und Abbildungsverzeichnis: Aurora Mehl: 40/41, 68/69; Du darfst: 64/65; Mondamin: 26/27, 30/31, 74/75; Rama: 52/53, 72/73; Sanella: 12/13, 22/23, 24/25, 28/29, 34/35, 50/51, 56/57, 78/79; Shutterstock Images: 2: Ingrid Balabanova; 5 Olha Afanasieva; 6 StockLite; 7 u. Kaylie_Kell; 7 o. Elena Shashkina; 8, 18, 77 Agnes Kantaruk; 9 o. Hallgerd; 9 u. PeterVrabel; 10, 21 Doris Heinrichs; 14 MShev; 17 teleginatania; 32, 55 Anna_Pustynnikova; 36 HLPhoto; 39 Levent Konuk; 43 Olga Pink; 44 teleginatania; 47 alely; 48 Ennar; 60, 66 juefraphoto; 59 Ruth Black; 62 Edith Frincu; twinbooks, München: 70/71; Cover: fotolia/ji_images; Schmuckabbildungen: Shutterstock Images/Nella, Shutterstock Images/nurrka